MUDANZA

PREMIO NACIONAL DE POESÍA

AYUNTAMIENTO DE LEÓN

León
Cuna del
Parlamentarismo

EOLAS
ediciones

MUDANZA

Inés Ramón

Para Daniel Hernández y Adrián Buiza, héroes
de esta mudanza.

A la ciudad de Gante, deserción y querencia.

Soy un discurrir de arena que resbala
entre la duna y los guijarros.
Samuel Beckett

El exilio es algo curiosamente cautivador,
pero terrible de experimentar.
Edward W. Said

I
LO QUE SE ABANDONA

Con esa tristeza del desterrado que es desterrado de su destierro.

Reinaldo Arenas

Vosotros, navegantes sin astros ni ventura, rebaño errante y sin cobijo, extraños y, sin embargo, mis hermanos.

Hermann Hesse

Desarmar el árbol de Navidad

Son ancianas las manos que quitan los adornos de colores.

La oscuridad respira por los surcos de esa piel de pergamino.
No ha quedado nadie en mí, murmuran,
ni la lluvia,
inaudible espacio por donde se vertía el cielo.

Ya no hay nadie en la mudez de esas dos sombras.

No ignoran que nunca volverán a decorar un árbol vivo.
Que ya será imposible transitar ese aire
en el que se enciende el horizonte.

Dónde van a arrojar, en qué bullicio, las risas de los niños,
la ternura envuelta en los regalos.

Son manos repletas de ceniza.

La luz deshace sobre ellas el ritual de los colores
al retirar cada pequeña guirnalda
envuelta ya en esa hora ausente,
continuamente oblicua.

La cuenta regresiva hiende el tacto tembloroso
que palidece al descolgar una a una las cuentas
del recuerdo.

Un pájaro invisible ha roto el nido, el equipaje fugaz del exiliado.

Un pájaro lleno de escamas de serpiente
guarda en una caja las bolas rojas,
las doradas, las estrellas,

y hay un tumulto de aniquilación sonando en el silencio.

Un pájaro oscuro de fatiga descuelga la tibieza, los augurios,
el brillo, el estallido en una campana de cristal
y los guarda
junto al viento y su olor marchito,
entre los pliegues de la vida cuando era verde
en el árbol encendido.

¿Quién devolverá a la tierra
el pequeño cedro que aún respira?

Inventario

Las cajas abiertas son un territorio inesperado
y, sobre ellas,
unas manos de escarcha astillan los olvidos.

Son manos inciertas de color punzante
que intentan guarecer el último perfume
de una tierra surcada
por las sílabas de un mensaje
desmembrado
en la oscilación remota del recuerdo.

Envueltas muy bien las copas de cristal y las derrotas,
se expande el tacto
en un rumor de loza y de abandono,
de cubiertos empañados
por la pátina inconclusa del deseo.

En el fondo de la caja se mezclan las ausencias,
la voladura azul de un horizonte
donde se mecen los gestos aprendidos del amor,
la sinfonía crujiente del silencio.

Esas manos de escarcha irrumpen, naufragando,
en un último viaje de cartón
(apiladas ya y cerradas con perplejidad y celo)
y escriben en ellas el nombre de las cosas
con un marcador indeleble, trazo grueso,
instaurando la quietud definitiva
sobre un montón de cristales triturados.

Desarraigo

Se han ido cayendo algunas cosas
por los huecos abiertos de unas manos
baldías.

Mientras, los trastos apilados discurren sus secretos
en un lenguaje marchito.
No ignoran la melancolía que dilata su mirada
sobre la fragilidad de esas cajas rebosantes
de desahucio: todo bien envuelto,
bultos y reflejos minuciosos
del olvido.

Se marchan otra vez, ¿adónde?
Atraviesan para qué la vida.

Por los huecos de esas manos escindidas
discurre otra vez el desamparo.
Su murmullo tropieza con los golpes
de las cajas apiladas de penumbras.

Esos huecos hendidos en las manos abiertas
gimen mientras descifran
el calor que aún emana de las cosas.

Así, la oscuridad avanza y un súbito aire
esparce los vestigios
de quien fuiste en ese tiempo,
en esa casa,
entre las cosas
que se han ido cayendo en la mudanza
por los huecos abiertos
de esas manos heridas.

Estancias nómadas

Son de espuma las manos que descuelgan
el reloj de la pared.

Se abre allí, entonces, un espacio de nostalgia,
un murmullo entrelazado
como gotas inconexas que salpican hacia adentro,
una ausencia estremecida, por momentos,
un resonar sordo y submarino
como una intuición punzante que respira
en esa superficie,
avanza y retrocede,
abre y cierra los límites de ese trozo circular
en la pared vacía.

Una cresta de agua se alza y rompe
contra las agujas de un reloj que ya no está,
contra su eco.

Y la espuma disolviéndose en la arena
en un murmullo de cuerpos derrumbados
en la densidad porosa de un tiempo remoto y que aún arrulla:
los segundos, las horas, los minutos

retroceden de pronto y se condensan
en la espuma de unas manos polisémicas,
en el reverso de un reloj de pared ya envuelto
en periódicos, empacado o empapado
por el mar de los días
como restos dolientes

de un naufragio.

Gravidez

Pesan los bultos con la gravidez de lo quebrado.

Pesan esas manos líquidas, ondulantes
que mecen entre cartones los olores remotos,
enmarañan la soledad como cantos varados de ballenas,
giran y esparcen su cualidad agónica
en el grosor del tiempo.

Pesa la dimensión de herrumbre a que sabe el equipaje,
pesa
todo el esplendor, el desafío,
todos los temblores, los destellos,
todos los ropajes de un espacio
donde se expande y retrocede el estallido,
los residuos subterráneos,
los fragmentos.

Pesan las cajas que guardan tempestades,
la avidez devorándose a sí misma,
las flores marchitas o evocadas;
los pliegues de una vida
pesan
en las cajas.

Abruma ese paisaje en retirada.

Pesa el amor bien envuelto,
el aluvión de risas y palabras,
el incendio de clausuras infinitas.

El nombre propio pesa, tatuado en el exilio,
la lluvia punzante e inconclusa,
la súplica envuelta inútilmente
de unas manos ondulantes,
un *discurrir de arena que resbala*

en su tibieza líquida.

Vida desnuda

Desde la estantería que finge indiferencia
tiemblan los libros,
                    su caída,
rehenes también de la mudanza.

Porque era la eternidad entre sus páginas,
el tiempo sucediendo,
la rueda de los siglos,
el universo, la escarcha entre la hierba,
el pensamiento del hombre,
el amor hilvanado a la belleza,
el perfume de las flores,
la música encendida,
el silencio indestructible de la muerte,
todo el amor disuelto en torbellinos,
acurrucados ahora porque ha llegado para ellos
el momento de la huida
y unas manos implacables emprenden la clausura.

Exhaustos de callar,
los libros cenicientos.

Y el polvo acumulado penetra en el lenguaje,
se disuelve en las palabras:
cada letra fue tal vez el orificio
diminuto
donde verter su amnesia,
y cada espacio en blanco un sumidero
que atrajo ese torrente
hacia el implacable asedio del olvido.

Cada página, entonces, es un remolino
donde el silencio reverbera,
donde el polvo acumulado
dice un mundo en avalancha,
el pensamiento excavando galerías subterráneas
y horadando la cáscara del tiempo.

Dónde se extraviarán tantas palabras
que fluían en torrentes
de armonía y de belleza,
llenas de ebriedad,
de alas extendidas
dispuestas a emigrar en bandadas simétricas.

Tantas voces húmedas
de musgo en medio del incendio,
dónde irán a resplandecer.

Nadie en mucho tiempo ha abierto esas páginas,
solo el polvo caudaloso.
Y hoy las cajas llenas de libros derrumbarán el oleaje,
el vuelo,
la belleza vencida entre cartones:

la absurda aspiración de alguien
que, implacable, el polvo enturbia.

Hundimientos

Todo lo que alguna vez fuera valioso
se decanta hoy en un sedimento turbio,
plenos de hollín los fondos del recuerdo.
Tanta morralla que fuera pedrería
en virtud de la alquimia fraudulenta
del deseo.

Nadie sabe para qué lo guardado se conserva.
Nadie sabe qué lugar constituye ese deseo,
qué desamparo habita
en la inutilidad de la alacena.
Jarrones escogidos,
piedras insólitas de un arroyo hoy reseco,
recuerdos:
tanta ingravidez irá a parar a la basura
fingiendo una presencia
irrenunciable.

Lo incompleto aborrece aquella suficiencia,
se dispone a perder, a despojarse,
hasta llegar al esqueleto infinitamente mudo,
hasta ser solo la sombra

de una sombra que respira,
hasta ignorar las cuatro letras de su nombre
y abrir sus límites permeables
al implacable asedio del olvido,

hasta arrojar las manos,
los pies,
el pensamiento,
los objetos
acumulados en la estantería
al remolino voraz del sumidero.

Hasta disolver cada gota de agua en el torrente,
en la cascada,
en el salto,
en la caída.

Reciclar despojos

Hay objetos, sin embargo, que se niegan
a marcharse.
Odian pertenecer a la partida.
Qué podrán hacer por ahí con tanto desamparo
a cuestas,
sin coartada,
sin unos ojos
que ya no están prendidos a la vida.

Tienen la forma exacta del hueco en que habitaban,
se empeñan en recrear las formas incompletas,
parpadean sus luces de cenizas,
intentan definir la perfecta simetría de la niebla.

Hay objetos aferrados a un espacio
que se deben a un diseño de órbitas líquidas.

Es imposible despojarlos de un itinerario
que se ha ido diluyendo dentro de sí mismo,
transformándose en un paisaje devastado,
cubierto de una capa indeleble de culpa y lejanía.

No hay un camino de regreso.

Los pájaros se han comido todas las migas de pan
que nadie dispuso en aquella travesía.

Hay objetos en la casa
(los espejos, por ejemplo, las huellas digitales
impresas en el aire, casi todas las palabras,
algunas piedras del río,
el silencio encriptado en las paredes)

empeñados en abrazar con toda su esperanza
los restos de un lugar
que ya no existe.

Caligrafía del abrazo

Sobre la piel de la casa
el tiempo ha ido componiendo
un texto indescifrable
con sus manos de niebla.

Signos y cataratas se suceden,
se precipitan en una danza insólita,
se devoran ferozmente las pupilas.

Cada palabra trazada
entreabre su plumaje líquido, su horizonte,
arrastrando transparencias por todas las derivas.

Cuando llega el sol, de tarde en tarde,
las voces se derrumban en tropel
sobre el vacío.

Dicen algo.

Encadenadas a la distancia y al silencio
desdibujan su efímera hermosura
palpando las ausencias.

Dicen que la lluvia late sin cesar, afuera,
que el frio sigue surcando la noche y los exilios
y que el miedo ha vuelto a romper sus alas.

Saben que nada termina y que ya nada empieza.

Sobre la piel de la casa
las manos de una nube
han escrito un poema incandescente
del que brotan
los ojos infinitos de una niña.

Los días deshojados

Desnudas ya, las paredes abren sus vigilias
a los grumos de la noche.

Descuelgan el vacío.

Destejen sus recuerdos:
se han ido quitando una a una
las capas hendidas de quietud y abismo,
el rumor a naufragios,
el brillo fugaz, oculto
en la espesura compasiva de algún sueño.

Todo lo que estuvo allí
y las habitaba
fue dejando una pátina arenosa, enrojecida.

Ahora la existencia se disuelve
en esa textura gris
donde ya no queda nada.

Es incapaz de pronunciar la asfixia,
los días deshojados,

las lluvias sedientas detrás de los cristales,
ese paisaje deslumbrado de presagios
vertidos lentamente en la hondura líquida
del tiempo.

Las paredes oscilan resonancias.

Desnudas, al fin,
se abren al viaje incierto
hacia un último horizonte.

Desde dentro irrumpe una claridad oblicua
y sigilosa,
una sinfonía mineral,
un tumulto furtivo de viento

y desamparo.

II
OÍR LA DESNUDEZ

Ya no concibo la vida sin el exilio.

María Zambrano

Echar raíces quizás sea la necesidad más importante e ignorada del alma humana.

Simone Weil

Habitación equivocada

Sé que cuando el sol encienda sus oscuros arabescos,
hilvanando las estancias con su luz,
volveré,
invisible,
en absorto vuelo
a recorrer los despojos remotos de mí misma.

Los restos que he dejado
—sobreviviendo apenas—
en el gris de las paredes,
en el plumaje traslúcido
de las gotas de lluvia
impreso en los cristales.

Sé que encontraré el miedo
agazapado aún detrás de los espejos,
el dolor ignorando
la gravedad que me ciñó al abismo.

Encontraré la intensidad de mi silencio
deambulando también de cuarto en cuarto,
y ese ímpetu

—que sucede detrás
y adentro de la angustia—
rasguñando las puertas
que ya nadie abre o cierra
como jaurías de sed encadenadas
a la noche.

Cuando vuelva, lo sé
—escarbando en el dolor de la distancia,
excavando los rastros que la muerte
me dejara entre los ojos—,
en la casa sin nadie alguien respirará de nuevo,
intermitentemente,
esta turbia amenaza de la vida.

En tránsito

¿Dónde podría guardar
la muerte que aún parpadea
dentro de mis ojos?

¿En qué maleta
cabría ese amasijo de acechanzas,
el fulgor y la hondura de su abismo?

¿Dónde la ceniza,
ese derrumbe abierto a dentelladas,
ese naufragio del que brota la luz
apagándose mil veces?

¿Dónde la ternura,
ese frío invisible que le afila las garras
al dolor carnívoro?

¿Dónde guardar,
para qué mudanza,
el último llanto del perro moribundo,
sus ojos abiertos a la nada?

Se diría que todo va y regresa,
que los gorriones germinan en los árboles
y que el tiempo canta su desdicha breve
dispuesto a surcar siempre de nuevo las distancias.

La nostalgia se hace y se deshace
tantas veces
en la cumbre más cruel de la belleza,
pero la muerte,
su fulgor inusitado,
no se queda jamás:

allá donde vayamos
nos carga en su aliento hermoso,
nos conduce,

nos desea.

Las moradas

Volver es solo una variante de la huida.

Isaac Páez

Regreso a aquel lugar
donde solidificó mi pensamiento.
Entro en su luz bermeja sembrada sobre el musgo,
en el difícil y trémulo equilibrio que sostiene la vida
con la primera luz de la mañana.

Entro en el deseo cifrado, en cada gota
que multiplica el extrañamiento
de no hallarse nunca,
y veo mi reflejo, solamente,
lo inconexo replicándose a sí mismo,
en una muchedumbre donde el ser
es en su plenitud un eco mudo
esparcido en la remota noche
sobre la trágica hermosura de la hierba.

Regreso y entro en un acabamiento
herido
en un instante de lentitud sombría.
Allí me multiplico, mientras desvaneciéndome
en la tenacidad de un sol indivisible,

sin pausa, me quemo en el fulgor
que amputa los recuerdos.

Todo mi cuerpo se abisma en la zozobra
que me lleva cautiva, otra vez,
otra vez,
al absorto vapor que me albergaba
detrás de aquellas puertas siempre abiertas
y nunca traspasadas.

No digáis que es posible atravesarlas.

Errancia

¿Quién puede atravesar las puertas ya cerradas?

¿Quién podría volver
allí donde se intuye la inminencia
de una música hecha por manos tan inciertas,
por las voces ingrávidas
que, sin embargo, ardían?

¿Regresar es posible
allí donde los restos de existir dormitaron,
tendidos a la sombra,
e irrumpir otra vez
en su espesura?

¿Atravesar los rastros tan lejanos
de un instante cubierto de rocío?,
¿perderse entre la niebla?, ¿su hermética deriva?,
¿ordenar las esquirlas sin sentido,
los sonidos que engendran las palabras,
sus versiones no dichas?

Decidme si es posible.

Decidme si es posible retroceder el vuelo
tallado por la escarcha en lo perdido.

¿Qué me arrojó a la cara puñados de espejismos
para encender la húmeda ceniza?
Otra vez,
otra vez.
¿Qué está cauterizando la súplica punzante
donde toda ilusión termina
                    y permanece
                        idéntica a sí misma?

¿Qué materia extrañísima
atraviesa las puertas clausuradas?

¿Por qué sigue manando el río inmóvil
que sólo deja en mí quietud y lejanía.

Otra vez, otra vez, hallar de nuevo,
frente a frente,
la perplejidad
sublime del naufragio

en las enmarañadas huellas de una vida
que yace tras las sombras
de las puertas
de un palacio de cenizas.

Idiomas

Se resisten al afán de la mudanza.

Dentro del Manual *Zo gezerd* 1.2 de neerlandés
aún resuenan, se acumulan,
pugnan por dejarse oír las voces
en vano tantas veces repetidas.

Me increpa esa intacta algarabía
aún adentro de las cajas.

Voces que no callan.

Dicen, gesticulan
para nadie.
No han quedado atrapadas
entre las páginas, ya impregnadas de fatiga.
No desisten jamás
de conjugar los verbos del fracaso.
¿Welke taal spreek jij?

La rara inconsistencia del silencio:
ese idioma hablo.

¿Hoe gaat het met jou?
(«Las fricativas son consonantes que se producen al frotar el aire
a través de un canal estrecho creado por la aproximación
de dos órganos articulatorios». *Wikipedia)*.

Puertas cerrándose.
Viento que arrasa la pérdida, el tumulto,
los despojos que no admiten compañía.
El estupor diciendo cómo estás,
hoe gaat het,
cómo te encuentras, diría. Desconozco
las latitudes del desasosiego,
la sed de tanta fricativa indagando en mis arterias,
esa jauría de jotas devorando mis diálogos con la ausencia.
Hoe gaat het,
la incertidumbre derrumbando claridades.
Cómo saber de mí,
del pájaro estéril en la niebla.
Hoe gaat het
escarba en lo que apenas soy capaz de pronunciar,
ese ruido de cristales rompiéndose en mi lengua.

No es posible nombrar lo que se aleja.

Mi voz es pasto de las llamas.

Cae la noche sobre un nombre
que en algunas ocasiones me ladraba dentro.
La extrañeza de un sonido
que graznaba en mi garganta se ha ido oscureciendo.

El manual de neerlandés
persiste en preguntar qué idioma hablo
y cómo estoy.

Cuántos matices del decir
enhebrados al aliento
para nombrar,
apenas,
recóndito en la voz,

el mismo desconcierto.

Huésped

La casa de la lluvia me mira,
inagotable.

Me humedece con su fuerza de derrumbe
e intuyo el menosprecio.

Me dice: a donde vayas, no te llevarás tus ojos.
Porque al fin tu mirada se deshace contra el tiempo.
¿Qué creías?
Hoy te desprendes con sigilo
de esa funda escamosa de serpiente
que mudaba su fulgor entre la hierba.
Te arrancas, al fin, los ojos
fatigados de usurpar un cuerpo líquido,
y entre esa pesadumbre
oyes el crujir de los desprendimientos.

Un enjambre de manos
deambulando en la implacable desnudez
que quiebra
aquel discurrir ausente entre las ruinas.

Y, sin embargo, hay fragmentos
que intentan aferrarse con toda su zozobra
al mirar antiguo.

Se agitan en el aire,
gritan.

Es tan leve la certeza
de habitar
en unos ojos
que te miran.

Esplendor en la derrota

Hay ciertos viajes de los que sólo a la vuelta
se comienza a saber.
María Zambrano

¿Dónde estará mi casa?
¿Dónde su olor agreste a desamparo?

¿Dónde aquel lugar en que la vida
—encarnizadamente— aún sigue latiendo,
amenazante, intransferible.

Ese lugar, tal vez, que carga, implacable, su vacío
y persigue en mí un deseo inacabado de retorno.

No importa el desalojo de los años,
me convocan las constelaciones
que palpitan en el firmamento
donde escribía con mis dedos huérfanos
los circuitos más íntimos
en la infinita huida de los pájaros.

Ellos, prodigiosos, siempre comenzando
y siempre transcurriendo desde el lugar radiante
de sus migraciones, hacia la oscuridad
más absoluta del silencio.

Solo los que regresan son capaces
de completar sus existencias,
quienes reemplazan su nostálgica deriva
por otro alguien que muta y va buscando
sin tregua sus fragmentos
allí donde alguna vez germinara aquella luz tan tenue,
o se dejaba transcurrir,
claudicando,
en un caudal inagotable
hacia el olvido.

Soy

Hoy es otra y la misma mi mudanza.

También mi vida es líquida,
no hay límites ni márgenes,
ni términos, ni aristas:
todo se diluye como el tiempo
que jamás permanece estable en un espacio,
que solo se desborda y se desliza.

Soy el río de Heráclito
y soy mi casa,

un cuerpo,

y soy el viaje
que también se desborda,
y muta, y se desplaza
en una continua travesía.

Soy quien fluye y duplica sus reflejos
entre los dos crepúsculos del día.

Viaje apócrifo

Es circular, hermética,
la casa donde habitan mis fragmentos.
Dentro de su bóveda sucede
un cruce perpetuo de caminos,
un ir y venir,
un atropello de piernas, pensamientos,
manos dispersas que componen
un collage mutante y somnoliento
en sus múltiples estados transitorios,
en el vértigo de ese no lugar, en ese espacio
infinito donde se desvanece
y recompone un cuerpo.

En esa curvatura se tejen y destejen
las secuencias circulares,
los destellos de una red intrincada
y en penumbras
de una sangre que desciende cada noche
hacia mis miembros.

No es la casa donde nació la idea de refugio,
o su deseo.

No es tampoco la habitación viscosa
donde murió mi madre,
es solo un espacio anfibio
que me expulsa y me recoge
en su fragilidad efímera, invisible,
en la piel vacía que ha mudado la serpiente
dejando registrada en cada huella
la fiel morfología
de este ser mutante y sin fronteras.

Me es necesario hallar ese lugar donde existir.

Abrir la puerta.

Romper la esfera de la asfixia,
atravesar la retina y su ceguera,
desde dentro, partir la semilla y su corteza,
nacer otra vez para otra muerte
en una expiración
dispuesta, una vez más,
a conjugar la vida.

A la deriva

Me desprendo a golpes de mis pies, de mis brazos
de mi casa, de todo

Miguel Hernández

A dónde irá ese cuerpo oscuro
que avanza desdibujando sus huellas.

Puedo ver cómo se extravía
respirando la hondura y densidad en los caminos.

No sé qué obstinación le impulsa
a atravesar tantas puertas silenciosas,
qué búsqueda se enciende y se apaga entre sus ojos.
Lo veo deambular, envejeciendo, en un desarraigo permanente,
dispuesto a germinar cada mañana. Me ignora si le advierto
que otra cucharada de miel en el café
no es conveniente, y que no olvide tomarse las pastillas
y guardar las llaves en el lugar seguro.

Me pregunto
a dónde irá ese cuerpo en bicicleta, protegido a medias de la lluvia
cuánta deriva en ese lento deshacerse entre las calles
de una ciudad enmarañada.

A dónde irá ese cuerpo en avanzado proceso de abandono
y que no entiende el lenguaje de los hombres.
Hay un ir y venir
barrido por el viento, surcado por un río
que siempre llega de lejos y que jamás se acerca.

A dónde irá ese cuerpo. Lleva la carga de existir bajo un cielo
que cae en avalancha. Por qué finge vivir, mientras abraza
los cuerpos pequeños de los niños, y los esconde
del invierno.

Lo oigo respirar cuando regresa por la noche y comienza
a guardar un dolor antiguo en la maleta,
algunos libros, otra vez la incertidumbre,
lo que pudo retener,

lo que abandona.

También

Cuando era niña le escribí unos versos a mi abuela.
Le decía:
«préstame tus manos amasadoras de vida».
Yo amaba esas manos deformadas por la artrosis,
su abigarrada tibieza, el infinito discurrir
de tanta arruga entrelazada,
laberíntica,
ese temblor tan parecido al de las hojas
de los árboles movidas por el viento.

Nunca imaginé que a la vuelta de los años
sus dos manos renacieran en mí.

La misma torpeza al escribir (ella nunca fue a la escuela),
el mismo deambular sobre la faz de los pueblos,
el mismo acontecer desordenado.

La última vez que la vi no me reconoció,
«quién es esta señora», dijo su voz diminuta,
mirándome con una interrogación
de niebla blanca. En vano le aseguré: «soy tu nietita»,
aunque ya tenía casi cuarenta.

El olvido es un fulgor extraño,
y hacía mucho tiempo que sus manos no me sostenían.

En aquel momento cada una era una flor inaprensible,
la remota heredad que, sin saberlo,
yo anhelaba recoger.

Ahora, como ella, recojo los juguetes dispersos de mis nietos,
sus risas,
y contemplo cómo la luz del sol
picotea esa maraña de arrugas
que alcanzan y recorren todo lo que toco,
ese enjambre de abandono
que surca lentamente, sin que nadie lo detenga,
mis diez dedos polvorientos.

También mis manos lavan la ropa en la pila del lavabo,
la estrujan igual que entonces, con poca fuerza,
y aceptan mansamente
el silencio y las ausencias.
Mis manos son ahora
las que guardan en las cajas los recuerdos,

acordándose, olvidando
todo lo que discurre desde siempre en un lugar baldío,
atrincherando algunas veces
los recónditos frutos de ceniza,
o los fragmentos de una vida
que va mutando.

También mi abuela tuvo que marcharse.

Desplazamiento

No hay un segundo término en la metáfora
que apila y traslada mi existencia.

Es un camión de mudanza
tan solo que va partiendo muy temprano
desde el primer testigo:
el alba repentina,
la intemperie súbita y constante,
la lluvia prodigiosa,
la frondosidad perdida.

Avanza y acarrea sobre las cicatrices
turbias del camino mis días desgajados,
el exilio sin tregua,
la cobardía en llamas
recorriendo inútilmente el laberinto.
Avanza y zarandea entre los baches
mis fragmentos, lo disperso de mí,
y va desvaneciéndose de a poco,
cruzando siempre el pasadizo,
traspasando, indiferente, todos los umbrales.

Porque no ha sido ese camión la miga de pan sembrada
en la promesa del regreso.
La metáfora ausente del trayecto,
el equilibrio azul de la salpicadura
va abriendo un curso en el paisaje
que es siempre
y nunca
el lugar de llegada.

Porque tampoco hubo un primer término
anclado a ningún signo:
este fluir se pierde en lo remoto.

El camión carga mi equipaje más efímero,
los restos de mi herencia,
algún trozo disperso de mi cara,
el asombro en la orilla de otros ojos,
un vestigio apenas del abrazo
con el que quise estrechar toda la ausencia.

Alguien lo conduce
y en ese transcurrir inagotable

ondula la errancia de mi nombre,
los vestigios mutables de un deseo,
la diáspora sinuosa,
irreversible,
la luz primera,
la última partida.

Inténtalo de nuevo. Fracasa otra vez. Fracasa mejor.[*]

* Samuel Beckett. *Rumbo a peor.* Lumen. 2001: «Ever tried. Ever failed. No matter. Try again. Fail again. Fail better».

Índice

Diagramación: contactovisual.es
Fotografía de portada: Gent, Michiel Hendryckx / wikimedia.org
ISBN: 978-84-10057-69-2
Deposito legal: LE 424-2024
Impreso en España - Printed in Spain